U0883838

广州诗词之都丛书

一串倒提年月

陈善壎 著

SPM 南方传媒 | 花城出版社
广州新华出版发行集团
广州出版社

内容简介

黄礼孩

陈善壎的古体诗从他自身经历和生命的经验入手，书写了历史与时代、个人与命运、自然与地域、友谊与岁月的宏阔主题。他以现代的精神和思想叙述历史和现实的经验，今古相融，辞章典雅，品质高洁。

这本诗集《一串倒提年月》，立足于个人的生命体验，细节与意象相印，语辞间透露出诗人的真性情和大境界，大气而慷慨，声势豪迈，声调俊美。偶为孤愁，时有欣喜，都是人间真意，以个人的精神境遇融通古今诗歌，在文字的流动中寄托人生的壮美情思。

此诗集以古体诗为文本，是当今诗人对古典诗歌的致意，在旧体里见新见解。这是诗人建立在渊博学识和宽阔心灵之上的古体诗歌实践，并形成了自身的诗词特点。它是当代文学在古体诗领域的一个新收获。

目录

CONTENTS

序一

题陈善壎诗集

钟叔河

善壎《张家村岁月》附记云："回长沙念给钟叔河听，他听一遍就记住了。"时在一九六七年，地在长沙城北一街道工厂内，时间地点，我都可以第二者身份作注。"听一遍就记住了"，话也是我说的，却恐怕有点吹牛。如今差不多所有新信息我都记不住。不过我想，"好诗容易记住"总还是事实。志浩死去已近十年，昨天他的儿孙们来看我，谈起往事，首先记起的还是他的"今夜谁家月最明，城南城北满秋声"，到润泉的"只缘偏爱元温句，却是伤心屈宋词"，朱正的"梦里依稀相见，执手为呜咽"，王怡德的"倚栏竟日无语，立尽月华西"……最后则是《张家村岁月》"且把他山作故山"，也不能不是它了。

壬寅九月初十钟叔河年九十二岁矣。

序二

风吹万窍：陈善壎的诗词

黄礼孩

陈善壎这个名字，令熟悉他的人敬佩。他是寂寞无名，没有多少年轻人知道他，但他又是如雷贯耳。“陈先生的文章，深厚透纸，唯我中华本土能产生此等风格”，旅美文学家王鼎均这样评价他。另一位旅美作家也盛赞他：“像陈善壎这样的作家，港台没有，海外没有，只有神州大陆有。”陈善壎安于现状，“不世出”，却又有超拔的志气。读过其散文集《痛饮流年》里面《你这人兽神杂处的地方》《疯子》等文章的读者，会为他的境遇、文笔、才华所折服。而懂得其旧体诗的朋友，则为他的诗歌书写了白云苍狗般的人生所感慨，为他写出爱与生命之诗所动容。无论遭遇怎样的困顿与阴郁，他都怀着诚恳与激情歌唱，穿过苦难，去迸发自己的阳光。

散文之木优于林的时候，诗歌早已开了一树繁花，只是陈善壎像面对一壶浊酒那样寂然。在陈善壎文学的土地上，他一个人的种植似乎远在“南山”，但还是被《诗刊》《大家》《上海文学》《文学界》等刊物看见，被热爱诗词的朋友在公众号上传播。写作是个人的自我样相，就像他说的“谁能会得沙鸥意，竟向虚空说自由”。自由言说，是他为文的要义，写此诗时，他方 15 岁，可见其精神的觉醒早于他人，少年时代就心存大志向，这是他作为一个诗人的“典型时间”。我认识陈善壎先生也晚，他是一位命运多舛的老人，一位低调的智者，一位自我完成的诗人。以前，朋友们去他与郑玲老师共同的家玩的时候，陈善壎老师总是为我们泡茶，端点心什么的，多是聆听，偶尔说上几句，都是有质地的语言。有外地名家来拜访的日子，陈善壎、郑玲夫妇会请大家到广州著名的沙面去，在那里宴请尊贵的客人。“朋来有待倾情酒，客至无须数米炊”，这在他的诗篇里可见一斑。多年后，陈善壎老师回忆起在沙面或者别处与文坛大家见面聊天的细节，谁坐在哪个位置，谁说了什么，他都如数家珍道了出来。2022 年 2 月 19 日，那天下着漫长的冷雨，陈陟云、世宾、安石榴和我几位诗人相约去芳村看陈善壎老师。陈老师家里很清贫，但他还是拿出珍藏的茅台，炒一碟花生米，就这样下酒谈文学、谈世事。为文学、为友谊的交谈瞬间如此痛快，是因为人生的某个时刻被豪情与真实所充盈。人生重要的是赤诚之心，是内心的火焰，是用语言酿造一个值得期待的世界。在这个我们来过多次的熟悉的房间，唯一少的是郑玲老师的笑声，这多少令我们伤怀。尽管一个时代的风华是如此的隐痛，但总有美好的追忆，就像陈善壎与郑玲，他们的爱情有着蓬勃的生命力，他们有着永不凋零的眼神，人生的灾难也成为逆流，那是爱的流波上的一对白鸟。陈善壎不在作协或者文联系统任一官半职，他是一个游离于文坛之外的人，却又是一位打捞文学和收藏友谊的人。至少，他的诗文写作保留了变幻岁月中的人生，保留了人性中隐秘的情感。他所交往的文人，几乎都是热忱而富有正义感的人，他自身也成为自己的主人。说起来，自 20 世纪 80 年代起，陈善壎、郑玲夫妇一直生活在广州芳村，他们几乎是大隐隐于城市的边缘，但他们的文学没有边缘。他们在芳村，芳村就是文学的一个高度。

说来惭愧，我也是临近才正儿八经读陈善壎老师的旧体诗，之前只是听说他的旧体诗品格高，但他只是为了书写而非发表。平时偶尔见面，我请陈老师拿出来欣赏，他总是以谦逊之词推辞，他的旧体诗也就难得一见了。陈老师对自己的诗词，有那么一点敝帚自珍的味道吧。我写新诗，对旧体诗的对仗、押韵什么的不在行。对于旧体诗，我一直认为，那是古典时代的产物，是旧的文化笔法，是古人的腔调，普遍缺少当代意识，更无法处理当下社会生活复杂的问题，难以提供经验。当下写旧体诗的人也不少，但经常让人读不进去，要么语焉不详，要么陈词滥调，或是隔靴搔痒。我想，陈善壎老师的旧体诗为什么能读出其中的味道，应该是因为他的诗里有“我”，有“个体”，有现场感，有他经历的生活，有他自身的语言表达，有他的韵律，有他对过往岁月的拥抱。陈善壎使用的是旧形式，但内容是他的所思所想，他行文晓畅、逻辑清晰地把发现自我和发现世界里难以传递的东西呈现出来,像“时间洞黑”“时空混浊”“咖啡醒脑”等当代的概念，陈善壎也活用到诗词里去。早在陈善壎 28 岁的时候，他的诗才就得到一代大家陈寅恪先生的肯定。陈善壎对此有记录：“‘文化大革命’中莫名其妙遭追捕，胡遐之带我和郑玲逃到广州，得上面三首诗。胡遐之领我访林伦彦先生，林先生喜欢这三首诗。林先生为此专程过江呈陈寅恪先生。数天后林先生对胡遐之说，陈先生说了三个字：‘老杜风。’”1967 年，陈善壎的诗词能得到陈寅恪大师的三个字“老杜风”，这是非常了不起的。按理来说，陈善壎会受到巨大鼓舞，以此来宣传自己，因此更出名。但他没有。这是他的修为，也是他的道行。

“慷慨许同无定骨，绸缪还化杜鹃花。书开半夜人初静，语共孤灯影正斜。”（《七律·1965年在张家村赠郑玲》）在这首诗歌中，陈善壎陈述那个年代，他们白天出工、挨斗、游街，晚上有点时间还坚持阅读，正是文学之光让他们熬过了黑暗的岁月。从这首诗歌中可以看到，陈善壎的旧体诗是从自身经历和生命的经验入手，书写了历史与时代、个人与命运、记忆与创伤、自然与地域、友谊与岁月，诗风浑厚、知性、克制、奔放，但也有温柔与细腻。他真诚面对历史和现实的经验，那是苦难与忍耐、回首与重访、灰烬与火焰、虚无与安慰。这本诗集《一串倒提年月》，立足于个人的生命体验，细节与意象相印，语辞间透露着诗人的真性情和大境界，大气而慷慨，意气豪达，酌古斟今，声调俊美。偶为孤愁，时有欣喜，都是人间真意，他将个人的精神境遇和性格的耿直融入古今诗歌， 在文字的流动中寄托人生壮美情思。

“亲陶；又亲杜，又偶法苏辛，难合时髦。倒不如归去，上东皋舒啸，大隐尘嚣。”在诗歌里，陈善壎袒露了自己的文化之根， 叙述了自己写诗词的心路历程。旧体诗看重格律，但更应该去判断诗人的观念。我以为，写到这份高度的陈老师还有空间去再推进个人化更明显的旧诗文体，在生命的激流里冲刷出真理的鹅卵石， 在想象性的文学桂冠上摘取星光，重新为自由的梦想所感召，在“我手写我心”永恒的手法里，他还有变法。当然，眼前的这本推心置腹的《一串倒提年月》已经是一份重要的精神自传体，其个人性情的流露，风吹万窍，穿越时间的暴雪，抵达我们的眼中，为我们提供了另一出生动的诗歌肖像，提供了属于他和他的时代的精神肖像。

序三

陈善壎诗词印象

冯秋子

印象中，陈善壎去写一首诗，难着呢。他谦逊、坚毅，像一位隐者，不声不响，不多表达。2013 年底，诗人郑玲病故以后，他陷入长长的、失去生命伴侣的哀寂中。长途电话连通广州，作为他们夫妇的忘年朋友，我自然担忧他的状况，望他能从失去郑玲先生的悲抑中走出一点。我建议他多写写拿手的诗词。当然最好也能多写散文，让更多人能分享他的散文，也是福。我相信他的散文能够颠覆人们对于散文的经验和认知。鲜有人能那样安静地缕析重大的历史和嵌注其间众多蝼蚁般的戏剧人物。那些深藏的生活涵义和倔强的人性光芒及其最后的尊严，还有横生的奇趣、老辣的洞察和深刻的悲悯，于无数偶然与必然的历史性扭结中，无可奈何地行进。

旧体诗的正经模样，年轻人触摸不到多少，旧体诗词的好，只得从唐诗宋词那里揣摩，今人承继和创造的那种意义上的诗词，少之又少。

他写一首或是两首诗词，写一篇或两篇散文。没办法，是真好，凛然地在远处、在高处。他的诗词，心灵格局大、精神浸融、古今过往境通界越，超拔的质地，诚实地着落，语言精劲停驻该在的地方。出人意表的穿透力量，进出内外，低回大地。他让手上的雕刻刀富有节制力，让个人的行走或起落自觉、准确。

说歌唱得好，通常指从心里唱出，是生命里渗漏出的歌。好诗词又何尝不是这样。陈善壎不为让人围观而写，他心里有，思维成熟如金，学识深厚如筑，下笔即成树林。

我读了陈善壎的旧体诗和散文，再一次见识到什么是好，什么是这个世界需要的好的精神创造。

序四

痛彻肝脾泪不流

——读陈善壎诗集《一串倒提年月》

世宾

与陈善壎先生认识快二十年了，他的谦逊、疏淡，他身上隐藏的湘地知识分子故事让我感到亲切和神秘。他们那一代人的苦难和坚守，在黑暗中保留的生命活力和精神火种的经历，使我体会到一种感同身受的激励。我偶尔会去他家，过去是和郑玲老师聊聊天，近些年是去和陈善壎先生喝喝茶、喝点小酒、听他讲点小故事。喝酒时，菜是便菜，酒肯定是陈先生藏的最好的酒。每次我们喝得不多，话也不多，但时间总是不短，有时会从下午到晚上，当天色逐渐暗淡下来，便仿佛有些晦明的事物潜入嘈杂而凝固的日常，晃动了、固化了的感觉。在安静的时间里，我沉浸在与喧嚣不一样的深刻里，仿佛与历史、与一些来自文字里的人和事接通了联系。

最近陈善壎先生要出一本古体诗集，嘱我写点文字，以作为友谊的纪念。他同时也希望我用对待“诗”，就像对待现代诗的态度和眼光来评价他的旧体诗，以避免“迂腐”。我是欣然答应了，我把这篇文章当成对陈先生的致敬。

我不懂旧诗词，或者说没有强烈的感觉，但还读得懂，能够理解字里行间的意思，我就在“诗”的范畴里聊聊读陈善壎先生旧诗词的印象和一点想法，以博先生一笑。

陈善壎先生的诗歌主要集中表现为言志抒怀，融合了豪迈、隐逸、淡雅、旷达的诗风。这些诗风的演变和融合，与他的人生遭遇密切相关。在时间的流逝和历次洗劫身心的运动中，他没有随波逐流，而是时刻守护着自己的心灵，使它不被玷污和扭曲，始终保持着一个中国文人的高贵品质，“达则兼济天下，穷则独善其身”。虽然人的塑造和成长时常受时代和环境影响，特别是文人的人格和精神世界的塑造，更需要环境和文化资源的滋养。在那贫乏的年代，陈善壎先生还是在有限的资源和恶劣的环境中守护着自己高尚的人格并努力丰富自己的精神。他的诗风的变化也呼应着人世和时代的变故，青年时豪迈与隐逸相随，中年之后轻薄名利，隐逸、旷达之风更加明显，到近几年，随着年龄增长，一切风轻云淡，言辞更加随心所欲，新词的使用和旧词的活用使诗歌言语松风过隙，疏朗若晴空星辰，淡雅之风蔚为可观。

在我诗歌认识的框架里，古诗词是农业文明的产物，是寄身、产生于自然、田园山水的文人精神和文字意象，儒释道精神作为古文人间的主流精神和趣味，主导了古代的诗歌。清末民初之后，诗歌逐渐从山水田园撤离，进入变动中的时代社会，社会性生活越来越占据古体诗词的重要位置，新词也越来越多地在诗词中出现。随着变革思想的传播和社会现代化的进程，古诗词、文言文逐渐被新诗和新话语所取代。变革和革命性话语成为时代诗歌的圭臬。

在现代西方的哲学、思想没有出现的古代生活里，中国文人从自然，以及儒家、佛家、道家的哲学思想里产生的文学思想，也都大多是关于认识自然以及人在自然中的生活和精神的体现。在儒家诗人那里，社会性的诗歌也是比较泛泛，不外家仇国恨、离别思乡等，深刻的社会问题因为缺乏思想工具而无法进入更深邃的思虑，那些对矛盾的剖析、对宏大叙事的解构和灵魂的重建之类的诗写路径还没展开。这当然是与社会学、政治学、思辨哲学没有发展起来的历史事实有关。从《诗经》、《离骚》、魏晋诗歌，从陶渊明到陈子昂、李白、杜甫、王维、苏轼，这是一个人与自然以及外部世界交往的时期，他们的责任是命名人的普遍情感、自然山水、时间等基本精神和事物。寄身于山林、田野，就是天人合一、草木之情；山河破碎时，就是家国情怀和离别之情，在这些作品里面当然出现过宏阔之作，像杜甫的“无边落木萧萧下，不尽长江滚滚来”，李白的“君不见，黄河之水天上来，奔流到海不复回”，也有陶渊明的淡然精神“采菊东篱下，悠然见南山”，也有苏轼的哲思“横看成岭侧成峰，远近高低各不同。不识庐山真面目，只缘身在此山中”。为天地万物命名成了古典时代的诗歌书写的最重要任务。这当然是由于那时候人类刚刚睁开眼睛（进入文字文明也就是四五千年的历史），对于事物和人的认识与命名成为古典诗歌的重中之重。清末民初的古体诗开始反映时代的重大变化，农耕文明也开始转型进入现代。这次转型，给古体诗带来了新的气象，同时也让人们认识到古诗作为文学载体，已难以承载社会的变革和思想的爆炸。新诗革命开始。

陈善壎先生执着于旧体诗的抒写，我想主要是由于他年幼时受私塾教育的熏陶，以及他在成长过程中受隐逸思想的影响。陈善壎先生成长的过程经历了革命、批斗、流放，他见识和经历了社会变革中太多的苦难和恐惧，人作为渺小的个体存在于时代的潮流中要么随波逐流，要么“躲进小楼成一统”，保存自己独立的人格。陈善壎先生选择了后者，这也导致了他的诗歌形成了豪迈和隐逸相交融的个人风格。青年时他有强烈的入世精神，希望能够像古代的圣人一样做一番大事业（八百湖山新手眼，寻常笔墨写春秋。《七律·初上岳阳楼》），甚至还有很高的革命热情（形胜地，中华骨；男儿死，心如铁。且莫将成败，论诸豪杰。墓侧纵无香与火，生前各有功和业。试留些，余兴待秋来，观红叶。《满江红·岳麓山感怀》）。毕竟那个时期一切都充满变革，至少在宣传和人们的生活中正在进行翻天覆地的变化。少年的陈善壎也不免被席卷进去。那几年热火朝天的时光就像一个幻觉，历经政治运动的人，身体和心灵被冲击地十分严重，陈善壎也不得不陪着夫人郑玲老师到湖南张家村下放。艰苦的岁月磨灭了他早年拥有的激情，那些豪言壮语在劫难中黯然失色了。但陈善壎没有彻底地绝望，他一直保持着一个文人的本色，洁身自好、手不释卷。正如他在下放时写的自况诗《七律·张家村岁月》：

且把他山作故山，竹溪云水一盘桓。
依稀旧梦身将老，辗转天涯志未残。
昼永倚松开卷短，肠饥卧石啖花寒。
孤灯着意陪醒客，皎月衔窗夜正阑。

正是在这个时期，他的隐逸思想开始萌芽，这也是中国文人在失意时的必由之路。我们没有上帝和其他精神资源，也没有更加激烈的值得献身的事业，只有归隐山林的传统。陈善壎先生也选择了这条道路，他心有不甘地在下放的山村里过起了类隐居的生活。读书可能是他最惬意的时光，白天读书，晚上读书，他把流放他乡、贫苦的生活过成了卧薪尝胆、逍遥隐逸的生活。就像他说“ 辗转天涯志未残” ，一方面他还残存着在未来去实现少年理想的壮志，一方面他在现实中，苦读诗书，以安顿疲惫的身心。这一时期，卧薪尝胆和逍遥隐逸的精神交融在他的生活中，化作不倦的学习。“文革”时期，他莫名遭受追捕，避难于广州。纵使在这一时期，他的心中依然抱持家国情怀，《五律 · 广州留别》正是这个时期其精神和情怀的写照：

相约上高楼，平湖一望收。
江山游子恨，烟雨故人愁。
饮别杯中酒，歌残天下秋。
楚狂非是醉，知者谓心忧。

这时的陈善壎还年轻，身体里还流淌着热血，对于未来社会的变革和自己的命运还处于未知的状态。虽然身处逃亡途中，但他的忧天下之心从未减弱。

十年浩劫，陈善壎先生也耗尽了大好青春。等到改革开放，他和郑玲先生获得平反，已经人到中年。此时，那些少年壮志已经逐渐消逝，只有劫后余生的感怀，以及一种回归日常的淡然。正如近些年他回长沙访旧友所写的《七律·邹捷中冰火楼宴请诸友》对“文革”之后朋友们相聚的情景的回忆：

检点平生似梦游，慨然回首动歌讴。
心通天地情无悔，痛彻肝脾泪不流。
数语温存人幸在，三杯缱绻意难收。
来年应有重逢日，把臂扶肩再上楼。

“心通天地情无悔，痛彻肝脾泪不流”，这样的诗句中隐藏着陈善壎先生曾经胸怀天下的豪迈，但随着时光和世事的打磨，他的心态渐趋平和，欣然接受了命运的安排，以平常心从容地对待生命中的一切，在友谊中感受生命的存在。这可以看作隐逸思想的当代化。如果在人寄身于自然的古代，隐逸思想的理想皈依地就不是庙堂，而是山水田园。

在那里，人能接通天地万物，能与道相伴相随。但在现代，人类的足迹已踏遍地球的每一寸土地，已没有一处不被污染的地方，隐逸就是从集体的喧哗中抽身出来，在个体的人心里构筑一座伊甸园。因此，隐于市，隐于日常的柴米油盐不失为当代的隐逸诗的归途。

近些年，陈善壎先生越来越疏淡，世事的纷纷扰扰越来越远离他的身心。他的诗歌也越写越随意，日常生活就是他诗歌的内容，意象也都是取之身边的景和物。像《七律·腌干旧梦下茅台》，一副悠闲自得的样子，能够完完全全看到陈先生当下日常的状态：

十点多钟人睡起，一场微雨雀飞来。
有情日子平常过，无主闲花次第开。
沏好新茶连叶嚼，腌干旧梦下茅台。
时空浑浊迷难解，不费心思乱处猜。

为什么说陈善壎先生的诗隐逸、闲淡而不俗？很多人写日常生活，就不免露出俗气味。陈先生一生走来，经历无数坎坷，也见识过时代的磨难和人情世故。他青少年时的豪情壮志受到摧折，但他没有失去批判精神，一直活在警醒和思考之中。这就使他的诗歌在老年疏淡的精神境界里还依然保持着人类对美好生活的追求，诗歌的品味丝毫没有降低。“时空浑浊迷难解，不费心思乱处猜”一句虽然是虚写，但我们能感受到他对历史的思考从未放下。把个体当下的命运放入时空中感受，一切就会豁然开朗，而不陷入计较和哀叹之中，这就是王国维说的“品高自有妙句”。在他的诗歌中，我们能够看到他内在世界的空间感，它是多维度的，既安于日常和生命的流逝，又能够把生命置于更广阔的世界和时代，保持着追问和思考。这就为生命打开了宽阔的空间，也保证了诗歌既在烟火的俗世生活里，又有超凡脱俗的情思。

陈善壎先生一生的诗歌并不多，就像他的散文一样，不多但出手不凡，这一切都归功于他的高古人格：心中有纵横沟壑，但只取一皱褶一起伏。他的老年，就像大隐隐于市的高人，不求闻达，只重情义，一切风轻云淡。诗歌举重若轻，意象随手拈来，“蜂腰猫步拉丁舞”“背包客”“烟酒”“咖啡”多是俚语和身边事物，新词的使用让古诗词从陈旧中透露出清新的气息，虽然无法表现当代更深刻和怪异的生存景观，但也有掩盖不住的情趣和通达的精神境界。陈善壎先生的诗歌多感时抒怀，这是由他的经历和性情决定的，从豪迈走向圆通，这样的人生，也不可谓不圆满。了解了陈善壎先生的人生经历和他的志向，读他当下的诗歌，我们就能看到一种浑然的高洁之气，一种从容的人生态度。最后以他晚近的一首诗《七绝·一心收拾向黄昏》作为这篇文章的结尾：

阳台小菜当花养，大蒜香葱各几盆。
望月却怜星作伴，终年难得客敲门。
旧书漫读无新解，好酒频斟附药吞。
提笔忽忘常用字，一心收拾向黄昏。

在掩卷之后，阅读者可能无论在诗歌和人生各方面都能获得一点启发。时光流逝，多少风云人物总被风吹去；而人生，只有忍耐，“痛彻肝脾泪不流”，一切你所付出的，都会凝结在你的生命里，开花结果。

2022 年 12 月 5 日大疫

满江红·岳麓山感怀

年轻时喜欢爬岳麓山。见黄兴、蔡锷墓及长沙会战阵亡将士墓一片狼藉，有些感触。

乱石斜阳。陵园内，长埋忠烈。江北去，古今依旧，洞庭风月。切忌轻弹儿女泪，其中多少英雄血。若回头，遍野杜鹃花，为君说。

形胜地，中华骨；男儿死，心如铁。且莫将成败，论诸豪杰。墓侧纵无香与火，生前各有功和业。试留些，余兴待秋来，观红叶。

七律·初上岳阳楼

我于1950年成为湖南省新华印刷厂工人，至1954年已有五年工龄，从没离开过长沙。去岳阳楼是我的第一次旅行。诗人、书法家何光年见此作，喜欢“几人忧乐知先后，千古文章寡和酬”一联，遂成忘年交。

初识飘零独上楼，潇潇风雨思悠悠。

几人忧乐知先后，千古文章寡和酬。

八百湖山新手眼，寻常笔墨写春秋。

谁能会得沙鸥意，竟向虚空说自由。

沁园春·题画　秋瑾别徐锡麟

歧路谁人？雨惨风凄，神哀鬼号。是愤时落拓，三河年少；悲歌慷慨，易水荆高。纵有刚肠，难禁离恨，执手无言热泪抛。君知否？尽一时忠烈，万古英豪。

从今两地迢遥，望早托鸿鳞慰寂寥。有闲情宜付，残山剩水；壮怀堪与，虎略龙韬。夜半鸡鸣，床头剑啸，应对长空把首搔。珍重也！已平林漠漠，班马萧萧。

定风波·明朝慷慨忆今朝

楼上青旗向我招，故人相对在尘嚣，垒块胸中浇不尽，谁信？当年豪气未全销。

豪气三分还几许？细数：一分摧折一分抛。尚有一分豪气在，留待，明朝慷慨忆今朝。

注：年少时与傅白芦、柏原、李冰封、朱正、钟叔河、喻润泉等“右派朋友”玩。2009年上半年，朱正先生在《读柏原流年》中写道：“……他（柏原）说的就是陈善壎，他抄了几首陈的诗词给我看，的确好。我现在还能默写出他的《定风波》……那时，我和润泉、叔河、志浩几个朋友看了，都说好，好就好在反映出了我们这些人的心情。平生豪气，早已被摧折殆尽，即令有点剩余，也主动抛掷，以避害全身嘛。可是还不能死心，总还盼望着有能够‘慷慨忆今朝’的一天。不，不只是盼望，不只是期待，而是坚信这样的一天终会到来的吧。”

七律·1964年以诗代信邀郑玲下乡

荷锄尝试与偕来，事到如今未可哀。
行至穷途重拾路，士无摧挫不成材。
忘身天地堪雄止，折节桑田亦壮哉。
上下千年谁得似，毿肩斗酒白螺杯。

七律·1965年在张家村赠郑玲

自识君来未有家，头颅将取走天涯。
宜兰园里窗前月，野桂山中岭上霞。
慷慨许同无定骨，绸缪还化杜鹃花。
书开半夜人初静，语共孤灯影正斜。

注：宜兰园、野桂山是我们曾经住过的地方。那时白天要出工、要挨斗、要游街，只有到晚上才有空看书、谈天，故有“书开半夜人初静，语共孤灯影正斜”句。不知情者或有很“诗”的理解，其实是很惨的。很惨又写得美，此文人伎俩也！

七律·落户张家村

一村掩映傍山阿，地域偏回古意多。
野味新醅堪酩酊，樵歌俚曲慰蹉跎。
人辞路险稀来客，我欲居闲少过河。
雨笠烟蓑风月在，聊将热血润嘉禾。

注：初落户，还不知道未来的艰辛。

七律·张家村岁月

且把他山作故山，竹溪云水一盘桓。
依稀旧梦身将老，辗转天涯志未残。
昼永倚松开卷短，肠饥卧石啖花寒。
孤灯着意陪醒客，皎月衔窗夜正阑。

注：该诗是20世纪60年代我在湖南省江永县务农时的闲吟。日子难熬，唯读书时间过得快些。当时得意“昼永倚松开卷短”一句。回长沙念给钟叔河听，他听一遍就记住了。至今乐道此事，说“好诗容易记住”。

七绝·瓶中枯竹

寒霜英气依然在，绝壁雄姿仿佛中。

摇曳数枝同日月，好凭奇节想秋风。

注：我与郑玲留着一只竹叶青酒瓶，竹枝当花插，日久而枯，反觉有意味。

七绝·谒黄花岗

死难从来大有情，非关狗盗又鸡鸣。
他年我若为雄鬼，愿与诸公一冢邻。

附：

次韵善壎黄花岗诗

胡遐之

岗上黄花谁问津，台阶寂寂日斜曛。
羡君一介孤松性，未作鬼雄先卜邻。

五律·“文革”初期与郑玲、胡遐之到广州避难

莽莽一天秋，匆匆下广州。

有家兼有国，难去亦难留。

极目心同远，伤神泪不流。

芳菲正销歇，何处觅渔舟。

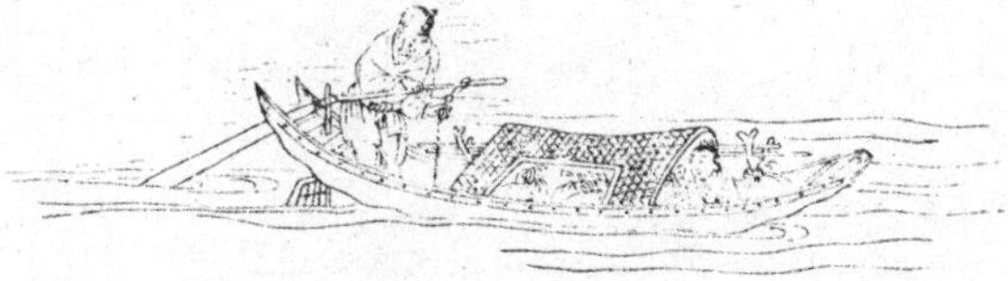

五律 · 广州留别

相约上高楼，平湖一望收。
江山游子恨，烟雨故人愁。
饮别杯中酒，歌残天下秋。
楚狂非是醉，知者谓心忧。

注："文化大革命"时莫名其妙遭追捕，胡遐之带我和郑玲避难于广州，得《七绝·谒黄花岗》《五律·"文革"初期与郑玲、胡遐之到广州避难》《五律·广州留别》三首诗。胡遐之领我访林伦彦先生，林先生喜欢这三首诗。

七绝·题画 易水寒

燕赵男儿天下奇，荆卿别后复为谁。
腰横一剑长歌去，安得其人而友之。

贺新郎·无题

不赋辞章久，偶临溪，番惊两鬓，飘霜时候。半世蹉跎谁慰藉，好是故人依旧；幸还嗜，烟和醇酒。检点平生无事业，被朝风暮雨调摆够，酸甜苦，辣都有。

斯须变幻如苍狗。抖精神，交谊舞帝，卡拉歌后。志在皮囊求一醉，问讯水肥山瘦。又羞见，从前师友。岁月空抛今已矣，夜深时，诵得楞严咒。迷或悟，难参透。

注：20世纪80年代后我总算安定了，松了一口气。

七律·夜宿从化

缱绻花溪不断流，乡村野色好悠游。
石螺味美堪宵夜，米酒香浓可化愁。
枕畔蛙鸣催梦醒，山中水响识庄幽。
年来难得清闲日，卧浴温泉浸过头。

七律·清秋还喜故人来

智钝惭无七步才，清秋还喜故人来。
先翻旧句今重读，再咏新篇碰一杯。
彻底蹉跎应自恨，此中遭际莫详推。
性情散逸难求好，五十余年类弃孩。

注：1995 年 9 月，胡遐之时在岳麓书社社长任内，专程来广州芳村赠我新出的《荒唐居诗词钞》。书内录有 1962 年他送我的《初识陈善壎》一诗。三十多年前的事，早忘了。留遐之二日，用原韵草一律相赠。

附：

初识陈善壎

胡遐之

善壎工人出身，自学达到能教大专班数学，并能诗会文。时年廿三岁。

早闻算迪有奇才，又见诗篇雪片来。
李贺句惊窗外雨，王郎才溢阁中杯。
人情胜似微分妙，世味难同数式推。
我惯贪吟多杂念，羡君心事若儿孩。

沁园春·回长沙

有客南来，冠敝裘轻，人逢曰癫。也迎风写句，临流赋景；山岚向暮，冷雨池边。半世窝囊，三餐勉强，一碗粗茶一袋烟。争知我，已千疮百孔，不是从前。

通衢大道流连，又岂料离家四十年。笑文心细逐，词章长短；年时襟抱，莫问苍天。纵有贼心，终无贼胆，市井蹉跎岂偶然。空回首，见湖湘寺古，触目皆禅。

注：这次回长沙是2006年4月12日。上午出发时广州气温为31℃，晚上到长沙气温只有7℃。我一身单衣单裤，冷得发抖。朋友见了说我既年轻又前卫。

夏云峰·早春闲咏

远处车河，身边闹市，懒看芽新叶嫩。春来早，风轻雨冷；人偏老，筋疲力尽。想平庸一世糊涂，笑遍体鳞伤，枪痕刀印。有寥落诗才，萧条文笔，输却歌筵红粉。

不值一钱心自问，要绝地求生，难疯难隐。抽支烟，伤人肺腑，喝杯酒，了无嗔恨。好容易熬到如今，竟忘了猖狂，烹尧煎舜。此后若荒唐，先勘死活，再去谋篇布韵。

忆旧游 · 风雨夜失眠

是分明记得，陋巷寒庐，风雨飘摇。电闪雷鸣夜，好挑灯试笔，苦读通宵。作文信手随腕，自恋自魂销。有醉梦癫残，情仇爱恨，笔底波涛。

亲陶；又亲杜，又偶法苏辛，难合时髦。倒不如归去，上东皋舒啸，大隐尘嚣。烛前仿佛人影，颦笑慰萧寥。正曙色初开，平明枕畔温楚骚。

七律·赠诗人、书法家何光年

峭似丹枫傲似霜，如君怀抱费评量。

吟哦有句追唐韵，云雨无凭梦楚襄。

久病已成朝市隐，多情常发少年狂。

风流不在林园内，曲涧横桥独自香。

如梦令·记事五首

其一

望断长堤春柳，今夜故人来否？立尽垄头风，只见花飞花走。红豆，红豆，伴我低徊僝僽。

其二

水是情深通透，山是情真坚守。君在水之西，我在南山之后。红豆，红豆，寄语此心依旧。

其三

这里华灯如昼，那里水清山秀。把酒恨无人，泪湿青衫双袖。红豆，红豆，又是相思时候。

其四

寒夜灯孤影瘦，长忆从前杯酒。月照不眠人，再聚几时能够？红豆，红豆，但愿河清人寿。

其五

今日相逢如旧，往事不堪回首。起舞共长裙，此意谁人能有？红豆，红豆，不悔为伊消瘦！

五律·无题

家贫偏嗜酒，贤圣亦同欢。
舐笔诗心冷，临窗旧梦残。
秋风欺被薄，老泪湿襟寒。
远忆人堪慰，情深入胆肝。

注：贤圣，指酒。酒清者为圣人，浊者为贤人。

七律·赠人

一世仓皇何所期，粗蔬淡饭已如斯。
闲时啸傲无人会，老境吟哦有鬼知。
岂料昏黄交胜友，聊将懵懂步君诗。
莫嫌词鄙情堪重，只问文章不问谁。

五律·秋尽

叶舞庭前冷，花飞雨后残。
年终无鸟事，笔底有波澜。
雾重凌城薄，人穷顾影单。
朋来何佐酒，可试我心肝。

浣溪沙·露台枯坐

其一

夜半披衣纸墨凉，旧笺新句透兰香，
轻寒漠漠雾疑霜。
远望伊人添缱绻，近看水月已迷茫。
淡烟牵梦向朝阳。

其二

晓雾初收叶未干，露台枯坐识秋寒，
飞花太息复栏杆。
量止三杯偏嗜酒，来无多日好清闲。
远天残月暗关山。

五律·春起

叶在枝头绿，春于静处新。
一心求破我，万事不如人。
尽识缘中趣，忘寻方外因。
满园无闲意，起坐对霜晨。

七律·赠荒田

一生寥落思绵绵，又是杨花二月天。
动笔迟因心死早，步君后愧我生先。
日中铺纸强开稿，夜半披衣闷吸烟。
却悟自然成律度，文崇奇变是真传。

七律·无题

二三知己半囊诗，四顾茫然我是谁？
落拓世间人寂寞，徘徊月下影参差。
朋来有待倾情酒，客至无须数米炊。
争奈胸中横一事，此生难解总低眉。

七律 · 赠人

风旋叶舞满园诗，唱和悠然那是谁？
锦绣藏胸人倜傥，虚灵透纸句参差。
怜余混沌尘嚣事，羡汝林泉芷菊炊。
吟罢倚窗思绪远，多情犹自壮须眉。

五律 · 中秋前二日深山夜饮

月近中秋白，云开半壁新。

清风来入座，疏影起扶人。

杯碰泉随响，烟飘雾绕身。

殷勤追旧事，倜傥九州尘。

疏影·一串倒提年月

寒云似雪。有落红乱舞，风卷残叶。塞北江南，疑梦疑游，凭谁可与言说。高歌慷慨成闲话，是枉费，年时心血。近黄昏，砚笔沉埋，苦在失眠时节。

难得窗明几净，旧衣且蔽体，还算清澈。竹菊难栽，不种梅兰，种点紫苏青蕨。抽烟饮酒随来去，室可陋，人宜亲热。笑闹中，挂汉悬唐，一串倒提年月。

七绝·立三意说梅花

其一

红梅花与白梅花，老干枝头又发芽。
开在群芳凋谢日，风光一路到天涯。

其二

霜风不怕怕春风？耻与桃花一处红。
冰雪漫天知我在，凡枝俗叶不同宗。

其三

杏李桃梨阵阵开，花繁柳密少冬梅。
孤高自诩终拘束，不若同欢一放怀。

七律·邹捷中冰火楼宴请诸友

数学家邹捷中于长沙冰火楼设宴，遇诗人刘重光等老友。

检点平生似梦游，慨然回首动歌讴。
心通天地情无悔，痛彻肝脾泪不流。
数语温存人幸在，三杯缱绻意难收。
来年应有重逢日，把臂扶肩再上楼。

七律 · 罗浮山避暑

夏日羊城莫暂留，罗浮山里爽如秋。
差泉遣石摩双足，唤月邀风睡一头。
夜就归禽谈败笔，朝逢细雨湿轻愁。
前崖老树殷勤甚，碎舞枝条作应酬。

七绝·空山

空山雨后夏虫鸣，独坐胧明月不争。

耳听松涛宣旧事，步随啼歇觅流莺。

七律·赠江永张家村老友盐长兄

盐长兄一世务农。其人颖悟疏阔，深通文理，藏于深山，心安理得。

峒中水起又风生，百卉争妍鸟兽行。
茅舍有茶兼有酒，枯心无雨亦无晴。
烟飘幻览三生劫，盏满吞空一世名。
长笑痴憨人半个，夜深栖石听虫声。

七绝·东京浜离宫留别

游人醉眼乱樱花，坐饮春风细雨斜。

鸟魄芳魂追意绪，此情长系梦之涯。

七律·诗复莫莱姐

莫莱姐工于书画，事业兴旺。她怕我孤单，邀我赴美久住。我没玩兴。以诗谢。

居似深山少下楼，敲窗风雨助清修。
美人思敏耽佳句，倦客心空不远游。
墨泼山巅身近月，步移湖畔柳含愁。
余生未必无余事，花照开花水照流。

七绝 · 题残荷

墨作枯荷却透黄，满塘新绿梦苍凉。

色衰不倩人扶我，一颗莲心自在香。

七绝·伊豆高原入尺沢温泉

一丝不挂且逍遥，卧浴温泉听海潮。

山欲偷窥随汝便，男儿天体亦妖娆。

水龙吟·三亚纪游

背包有客来游，水天堪匹人优雅。路旁借问，东西南北，何方潇洒？翁媪亲和，欣然笑谓：阳光三亚；是南疆一绝，椰榔万树，风与月，浑无价。

最喜苗黎桑柘，乐融融，竹篱茅舍。银沙日落，滩头舞歇，林间歌罢。莫再追寻，年时旧梦，放怀平野。看山川色彩，一丘一壑，宜诗宜画。

望海潮·三亚纪游

故人相约，海潮来晤，多情花鹿回头。落笔洞中，忘言世界，风轻浪狎沙鸥。偕友上层楼。料云山妩媚，烟树横秋。拍遍栏杆，几番心事几番休。

登临莫赋闲愁。趁时光未晚，行乐崖州。酸豆煮鱼，苗娘献舞，翩跹白鹭同游。天外月如钩。好持觞劝酒，椰梦悠悠。谁道青春不再？华发也风流。

七律·寄居云门寺旁农舍

雀语茅檐音婉转，风回老树叶栖迟。
东篱有酒邀陶醉，西域无经可释疑。
花向月开香秀异，烟陪茶品味清奇。
闲人偶出归来晚，野店晨炊梦醒时。

七律·怀郑玲三首

其一

株洲一去两无亲，默诵遗篇墨彩新。
溃败此生搜瘦句，蹒跚别梦落霜晨。
心之忧矣林花谢，泪不干兮渌水滨。
纵使春江花月夜，可堪垂老断肠人。

其二

迢遥往事觅无踪，夜雪江南漠北风。
月伴心寒人可瘦，诗和血写句多工。
从来不信三生约，此去相思两地同。
烛照西窗应独坐，他年重聚避谈空。

其三

三年不见问何之，诗稿初成好示谁？

啼血应悲春去早，倚栏休怪我来迟。

能同白首难同死，雨湿青山泪湿碑。

人在眼前如昨日，相逢应怕说相思。

七律·农友赴美定居话别

你我同游正壮年，张家风雨上江烟。
篮提野菜和根煮，头枕干柴拥絮眠。
月下高歌惊宿鸟，灯前夜话说明天。
何期白发横青眼，歧路沾巾岂偶然。

注：在江永县务农时该农友在上江墟，我在张家村。

八声甘州·对微云淡月桂花香

对微云淡月桂花香，风梳瘦人头。有新茶温胃，咖啡醒脑，醇酒清喉。乘兴扁舟夜雪，兴尽理鱼钩。一点登临意，斜照层楼。

快把黄昏燃起，好纵情四望，经典闲愁。怕相思滋味，道破便轻浮。看杯中，落霞飞入，又差些，撩发少年游。平生我，爱湘江水，从不东流。

摸鱼儿·野游觅旧处不得

莽苍苍，晓笼轻雾。从容勾勒烟树。野行应就晴方好，行遍竹园花圃。时近午。误入那，蜂腰猫步拉丁舞。恨伊不去。便不怪清溪，半边秋色，记错我游处。

流连久，莫问闲情几许。云崖霞壁迷路。人随犬吠询村妇，却道乱山无数。天欲暮，泼一角，浅红晕翠消残暑。凭谁共语？同样那年风，搜林扫叶，难觅那年雨。

莺啼序·轻寒又添薄暮

轻寒又添薄暮，拾光阴几段？夕阳也，只怕孤眠，只怕长夜无伴。落霞静，虫声渐起，垂杨脉脉思春远。欲追寻，春去匆匆，不予方便。

独钓芦湾，群宿白鹭，任峰峦入眼。寸心已，深刻成伤，听他苍翠凌乱。入平林，魂迷野地；憩幽谷，神驰霄汉。树勾衣，如有人牵，回头烟散。

萧条往事，费解今生，不由我计算。却又被，困囚山水。踞石观瀑，卧草尝花，失身溪涧。荒郊画意，天涯吟兴，闲情分付云和月，再留些，撒向莺啼岸。猜还有剩，珍藏勿使人知，肠中冰炭偷换。

疑君在侧，一瞬凉风，似殷勤拂面。更指点，景深无限。影瘦清泉，香暗初荷，绿蕉慵卷。相思戒去，黄昏明亮；应难戒得今宵梦，把针来，春夏缝成片。重重叠叠江南，诗在中央，看谁了断？

念奴娇·心野无边风月

散怀天地，便都是，心野无边风月。不必名山，随步履，同样悠然自悦。屋后池塘，村边草树，触目怡情物。星窥萤觑，夜来多少关切。

睡在泥土身旁，枕泉听宿鸟，露濡眉睫。仲夏黎明，晨雾里，新旧怎生交接？野刺莲花，多情应爱你，盛开如雪。风蓬飘尽，个中滋味谁说？

雨霖铃·今宵许我惆怅

微凉披拂，抱秋风饮，树影摇曳。今宵许我惆怅，书三五字，邀来明月。夜透坪中草气，伴萤火明灭。想故里，衡岳如飞，水涨潇湘洞庭阔。

当初自恨轻离别。问因由，懒去跟人说。长怀楚天云雾，犹记得，麓山红叶。负了华年，休负苍颜，满头霜雪。遇雅客，些子疏狂，酒冷肝肠热。

七律·一心收拾向黄昏

阳台小菜当花养，大蒜香葱各几盆。
望月却怜星作伴，终年难得客敲门。
旧书漫读无新解，好酒频斟附药吞。
提笔忽忘常用字，一心收拾向黄昏。

七律·答江永县旧时农友

兄语珠玑伴血陈，教余重又入风尘。
同敲险韵山前月，共刈饥粮釜底薪。
岳麓云飞孤客梦，珠江水拍异乡人。
闲时两地多微信，粤语湘音俱可亲。

水调歌头·萍姐一行约访东乡老屋

凉爽起襟袖，九月好还乡。乡心初动时候，诗已到潇湘。最忆春寒屋漏，慈母拈针影瘦，灯火正昏黄。只有岸边柳，认得旧儿郎。

家门口，迟疑久，院庭荒。翩然老叟，解衣盘礴向苍茫。一世东奔西走，历遍风狂雨骤，烟酒话沧桑。日落西山后，身着桂花香。

水调歌头·人被烟霞锁住

重觅旧游处，修竹近疏林。素来偏爱秋雨，情调最清心。满目风光无主，任意铺陈寄寓，高卧听鸣禽。点亮梦中路，我与我登临。

淡之古，闲之散，静之深。读云读雾，召溪邀石论浮沉。人被烟霞锁住，诗向天边飞去，燕雀莫追寻。易晚村头树，山月是知音。

凤凰台上忆吹箫·埋在时光深处

云似微醺，月犹佯睡，异乡人在深秋。问清风到此，何事勾留？远客难归故里，应不去，错卷乡愁。终孤负，椿煎蛋软，冬苋汤柔。

悠悠。为君馥郁，也为我花开，几度沉浮。是截然纯粹，烟雨绸缪。埋在时光深处，歌与哭，回响心头。心头上，茫茫洞庭，浪拍江楼。

蝶恋花·郊游

四月郊原风满径，吹乱人生，吹幻人间境。往事何需重记省，空空一半无踪影。

欲问阴晴天不定，骑梦徐行，云水交相映。唤起青山山响应，青山正有同游兴。

金缕曲·九畹重阳节

株洲九畹书院成立四周年暨第五届端午诗会雅集。

今又重阳节。便邀来，佳人名士，风神清越。满苑蔷薇香远近，琴画诗文皆绝。唯会友，无分优劣。额点雄黄包粽子，赛龙舟，艾挂青青叶。家与国，俱清澈。

当年屈子心如铁，蹈沧浪，悠悠此去，竟成先哲。日暮秋风悲国士，雨细潇湘幽咽。应记得，中华情结。我欲嫦娥多照料，恨嫦娥，不住江心月。斑竹老，洞庭阔。

八声甘州·黄昏逻辑

正郊原渐晚转深沉，知了两三声。见瓜篷一路，长堤数里，几点疏星。秋色低来就客，脱帽起身迎。醉倒谁扶我？风月相争。

说道重阳将近，是旧游时节，刚好新晴。这黄昏逻辑，吩咐酒参评。怪杯中，村醪清浅，识几多，天理并人情。知回避，乱离遭际，碎片生平。

菩萨蛮·时间洞黑无承诺

时间洞黑无承诺，悠然一片南山角。

花影转移中，人闲香自浓。

天蓝观雁字，度日如游戏。

往事已尘埃，头灰心亦灰。

七律·腌干旧梦下茅台

十点多钟人睡起，一场微雨雀飞来。
有情日子平常过，无主闲花次第开。
沏好新茶连叶嚼，腌干旧梦下茅台。
时空混浊迷难解，不费心思乱处猜。

柳梢青·等个人来

回长沙住某处，与昔日相较面目全非。不辨东西南北。

梦幻长街，依稀旧巷，落拓形骸。夏雨微凉，孤清少许，且此徘徊。

朦胧一点情怀。是时节，荷花盛开。整顿衣衫，喝杯茶去，等个人来。

一剪梅·广州文学漫步

应礼孩邀请参加由他组织、策划的在广州荔湾湖公园水上舞台举行的“湖上之光：时间与万物的背后——2023 荔湾诗会暨广州文学漫步”。

相聚西关绿水旁。蔽日霓裳，扑面芬芳。小船载我向何方？人在徜徉，歌在飞扬。

深巷民居逸趣长。烟火街坊，酒热茶香。心灵栖止是原乡。湖上之光，诗意之窗。

七绝·长沙铜官窑吟五首

萧湘先生多年从事铜官窑考古，于堆积如山的碎瓷片中发掘出许多民歌及古诗。如著名的“君生我未生，我生君已老。君恨我生迟，我恨君生早”。钟叔河、李元洛二位老师先咏其事，遵萧湘先生嘱，我步韵续貂。

步钟叔河《咏铜官》韵，兼用第三句第七字

其一

碎瓷弃集古铜官，句诉相思锉肺肝。

浅唱低吟埋没处，麓山云水不胜寒。

其二

片瓦残瓶见好诗，耐人寻味铜官瓷。

情坚意永难磨灭，缱绻潇湘夜雨时。

附：

咏铜官

钟叔河

其一

长沙胜地有铜官，诗圣曾经呕肺肝。

昔日水师鏖战处，江流犹带甲兵寒。

其二

唐人情重本多诗，情坚如石石成瓷。

石破天惊情不灭，诗句长流无绝时。

步李元洛《长沙铜官窑诗草》韵兼用原玉第三句第七字，但“领”字不用

其一

窑变通神生紫烟，铜官瓷艺德无边。

一千二百年前事，釉下彩花开万年。

其二

风雨昏黄叹逝川，唐诗逸韵越千年。

时人如弃路旁土，附瓦歌谣振管弦。

其三

浪拍长沙窑火光，夺天之巧土留香。

诗谓全唐谁纂辑？明珠遗落在潇湘。

附：

长沙铜官窑诗草

李元洛

其一

烧乱红星舞紫烟，铜官窑火大江边。
悠悠千载诗瓷事，犹听涛声说昔年。

其二

当时妙曲动山川，埋没重泉几许年？
不死歌谣今出土，金声玉振付新弦。

其三

千年幽隔庆重光，绝代遗珠字字香。
身世探寻谁管领？潇湘国里有萧湘。

《一串倒提年月》书后

朱正

平仄、韵脚、对仗等，是旧体诗词的基本技巧。虽然这对于有意作旧体诗词的人是一种现成的凭借，但是今人写旧体诗能够合格的凤毛麟角。善壎是掌握了诗词格律的，能够写出完全合格的作品来。不过如果说他哪一首有“老杜风”，哪一首“似稼轩”，评价并不到位。要真是这样，只是博物馆展出的古文物的仿制品罢了。不是这样的。善壎写的，不是有“老杜风”，“似稼轩”，而是他自己的诗，自己的心声，反映的不是老杜、稼轩的时代，而是我们所处的时代。就像我在《读柏原流年》中说的，当柏原兄拿给我们几个朋友看了善壎的《定风波》，大家“都说好，好就好在反映出了我们这些人的心情。平生豪气，早已被摧折殆尽，即令有点剩余，也主动抛掷，以避害全身嘛。可是还不能死心，总还盼望着有能够‘慷慨忆今朝’的一天。不，不只是盼望，不只是期待，而是坚信这样的一天终会到来的吧”。

今人作旧体诗，我也很喜欢聂绀弩（他的《散宜生诗》注释本是我做的）、郑超麟（他的《玉尹残集》是我出版的）的。我就喜欢旧体诗反映了我们的时代。就格律说，它当然是旧体诗；就意境说，不得不承认这是崭新的新诗。对善壖的《一串倒提年月》，我也这样看。

2022 年 10 月 9 日于美仑公寓

跋

说到写诗，我一定说清楚是旧体诗（我乐于把旧体诗称为“中国诗”），不说“诗”，避免与新诗混淆。两者比较起来，新诗佳作的难度高多了。这样说，会有旧体诗人不服气，会有不懂旧体诗的人不理解。那么多规矩，起承转合，粘对拗救，合掌孤平，应该比无法可法的新诗难得多。其实规矩倒来倒去那几条，在从前的私塾里是儿童发蒙学的。只要懂得了，用这些技法可以制造出许多与诗无关的句子来。

做旧体诗不顾格律要不得。其他体裁多的是，既不遵格律就往别处去。

又不必把格律看得死呆八板，“有诗”才是重要的。《唐诗三百首·七言律诗》之首（编者接受了严沧浪的推许）是崔颢的《黄鹤楼》：“昔人已乘黄鹤去，此地空余黄鹤楼。黄鹤一去不复返，白云千载空悠悠。”若说平仄，是“仄平仄平平仄仄，仄仄平平平仄平。平仄仄仄仄仄仄，平平平仄仄平平”。莫说第一句有毛病，第三句可说是太没边了。

今人做出来，那就不得了。可是自唐至今没有人说这首诗不像话，李白还说这首诗好到他不能超越。王昌龄的《出塞》："骝马新跨白玉鞍，战罢沙场月色寒。城头铁鼓声犹震，匣里金刀血未干。"这首诗艺术上的成就，冠绝全唐。从格律上讲，它先失对后失粘。

旧体诗与语言的音乐性紧密相连，诗句要求好听。唐宋是对汉语语言音乐性敏感的朝代。那时的诗人并不机械遵守格律，他们以好听为准绳。"黄鹤一去不复返"没有人觉得刺耳。

格律，不是平平仄仄这么简单。白居易说"每被老元偷格律"，与白居易齐名的元稹偷白居易的格律，不会是偷王了一先生总结的那些。元稹没那么弱智，白居易没那么肤浅。我当然不知道元微之偷的是什么。白居易说的格律应该是不可用条例规定的艺术规律，是和普通文艺理论不悖的。从钟嵘的《诗品》到释皎然的《诗式》，再到王国维的《人间词话》，1500年间的诗歌评论数十部，大多是在作品的精神质量上做文章，也遵循难以言表的声律。前人考虑到不是每个人都有这样的艺术天赋，搞出公式来供天赋不高的才子做样板。

只要如此了，不至于太难听。这是技巧上的事。诗，真诗，才是评判的准尺。

我是守规矩的，偶有不听话的地方。“东”“冬”不是一个韵的道理不复存在，坚持“他”字不可和“麻”字押韵，只可和“歌”字押韵，无视语言现实到滑稽的地步。免不了泥古，风雅尽失。有点调皮的是《沁园春·回长沙》“纵有贼心，终无贼胆，市井蹉跎岂偶然”这句。第一个“贼”字读平声，音“zéi”；第二个“贼”字读入声，音“则”。大方之家莫笑。

唐诗宋词是瑰宝，今天诗词像唐宋一样用为主流文学形式，缺乏社会基础。这种体裁，许多现代词汇装不下，不必说表达更为丰富的意象了。不过，不同体裁各有长短处，旧体诗有自己的生存理由。

做旧体诗不懂格律不行，以为懂格律就能吟诗填词是误解。旧体诗因有格律包装，伪诗容易混珠。

有时候，几句合格律的话（不是诗），配上几句妙语，整首就成了诗，这是旧体诗的一个现象。比如薛道衡作《人日思归》一诗，开头两句是“入春才七日，离家已二年”。听的人就嗤之以鼻，说这是什么狗屁，哪个说这家伙会作诗。到他说出“人归落雁后，思发在花前”，就有“名下固无虚士”的赞叹了。

“三峡工程有问题”“幸有银翘解毒丸”也不是诗，合平仄罢了。但李锐作出“六宫粉黛无颜色，三峡工程有问题”，杨宪益做出“久无金屋藏娇意，幸有银翘解毒丸”，我们不得不觉得妙不可言。这是中国传统诗歌的语言美学，是对仗的功用。中国传统诗歌的核心技术是做对子，不会做对子的中国传统诗歌过不得关。像上面说的例句，是对仗化腐朽为神奇了。

要说活人的话。莫说死人子话。有些人写旧体诗生怕不文不雅，写出来别人看不懂，或者念起来费劲。唐宋名句是明白流畅的。“打起黄莺儿，莫教枝上啼。啼时惊妾梦，不得到辽西。”“汴水流，泗水流，流到瓜洲古渡头，吴山点点愁。”“无言独上西楼，月如钩，寂寞梧桐深院锁清秋。”“君住长江头，我住长江尾，日日思君不见君，共饮长江水。”“去年元夜时，花市灯如昼。月上柳梢头，人约黄昏后。今年元夜时，月与灯依旧。不见去年人，泪湿春衫袖。”哪句不好懂？偏偏我们作出的诗，比唐宋人的作品还拗口。

又莫以为作诗，语言可不讲究。既是文学，得用文学语言。俚语方言非不可用，确实要搭配得当。通篇方言土语，只会降低诗文品格。张问陶说：“敢为常语谈何易，百炼工纯始自然。”看似平易的句子，如果觉得好，那是下了功夫的。

重要的还是“诗”。一首好诗不管以什么形式出现，都不改他诗的质地。

图书在版编目（CIP）数据

一串倒提年月 / 陈善壎著. —广州：广州出版社：花城出版社，2023.4
（广州诗词之都丛书）
ISBN 978-7-5462-3571-4

Ⅰ.①一… Ⅱ.①陈… Ⅲ.①格律诗—诗集—中国—当代 Ⅳ.①I227.7

中国版本图书馆CIP数据核字（2022）第257563号

书　　名　一串倒提年月
Yi Chuan Daoti Nianyue
出版发行　广州出版社
（地址：广州市天河区天润路 87 号广建大厦 9、10 楼　　邮政编码：510635）
花城出版社
（地址：广州市越秀区环市东路水荫路 11 号　　邮政编码：510062）
责任编辑　霍婉兰　安　然
责任校对　王俊婕
装帧设计　广州水石文化发展有限公司
印　　刷　广州市快美印务有限公司
（地址：广州市白云区广从路 410 号　　邮政编码：510545）
开　　本　880 mm × 1230 mm　1/32
印　　张　3.5
字　　数　44 千
版　　次　2023 年 4 月第 1 版
印　　次　2023 年 4 月第 1 次
书　　号　ISBN 978-7-5462-3571-4
定　　价　36.00 元

发行专线：（020）38903520　38903521
如发现印装质量问题，影响阅读，请与承印厂联系调换。

广州诗词之都丛书

第一辑

张海鸥《素心词》

陈善壎《一串倒提年月》

高旭红《半半堂诗词稿》

黄礼孩《我的地理的光明旅行》

陈会玲《断弦音》

梁智强《修辞窑洞》